사람과 사람 사이에도 메아리가 있다

시에시선 074

사람과 사람 사이에도 메아리가 있다

윤수천 4행시집

詩와에세이

시인의 말

 첫 4행시집 『당신 만나려고 세상에 왔나 봐』를 읽은 이들의 반응은 대체로 긍정적이었다. 시가 짧다 보니 읽는 데 부담이 없고, 시가 어렵지 않아서 이해하기 좋았다는 것이었다. 심지어 어떤 이는 "이런 시는 나도 쓰겠다"고 했다. 나는 무릎을 쳤다. 내가 의도한 바가 바로 거기 있었기 때문이다. 거듭 말하거니와, 나는 나의 4행시가 누구에게나 사랑받았으면 좋겠다. 평범한 사람들의 고단한 삶에 위안을 주는 한줄기 바람이면 더 이상 바라지 않겠다. 이번 4행시집 『사람과 사람 사이에도 메아리가 있다』 역시 기쁜 마음으로 썼다.

2023년 10월
윤수천

차례__

시인의 말 · 05

제1부

담 · 13
도시락 · 14
팽이 · 15
청바지 · 16
메아리 · 17
여보 · 18
두 번 따뜻해 · 19
대나무 · 20
거리 · 21
섬 · 22
날개와 바퀴 · 23
포대기 · 24
깃발 · 25
가로등 · 26
가면극 · 27

제2부

낙화 · 31
소 · 32
다방이 그립다 · 33
출가 · 34
곡선 · 35
낙타 · 36
엄마 · 37
노래방이 사람에게 · 38
자서전 · 39
종 · 40
부부 · 41
잔 · 42
소나기 · 43
수녀 · 44
사이 · 45

제3부

길 · 49
부탁도 부탁 나름 · 50
주전자의 물 · 51
아름다운 불륜 · 52
까치네 집 · 53
동화의 값 · 54
먼 곳, 먼 사람 · 55
먼 훗날에도 · 56
문 · 57
발자국 · 58
나무 · 59
사이렌 소리 · 60
소금 · 61
낡은 마차 · 62
표 · 63

제4부

헌 옷 · 67
흙과 시멘트 · 68
풍금 소리 · 69
노래 다리 · 70
무명용사 · 71
노래 도둑 · 72
징검돌 · 73
그림자 · 74
화려한 옷 · 75
행복한 지게 · 76
밥공기 · 77
빨래 · 78
칼 · 79
기차 · 80
자전거 · 81

제5부

고물차 · 85
우산 하나 · 86
등대 · 87
사는 맛 · 88
효도 · 89
손 · 90
웃음 · 91
속아주는 멋 · 92
김밥 · 93
호미 · 94
연 · 95
전기밥솥 · 96
별이 빛날 때 · 97
연인 · 98
주머니 · 99
씩씩한 아이 · 100
인생 · 101

시인의 산문 · 103

제1부

담

집에 담을 두르면
마당밖에 못 갖지만
집에 담을 두르지 않으면
세상 모두가 내 집이다.

도시락

도시락 안엔 기쁨도 있지만
서러움도 있어
서러움만 있으면 괜찮게
짜디짠 눈물도 있어.

팽이

넘어지지 않으려면
채찍을 참아야 해
환호 소리를 들으려면
울 줄도 알아야 해.

청바지

젊음은 참 좋아
아무 델 가도 좋고
아무 델 앉아도 좋아
나이까지 돌려주니 더더욱 좋아.

메아리

사람과 사람 사이에도
메아리가 있다
귀로는 들을 수 없지만
마음으로는 들을 수 있는.

여보

여보란 말이 왜 생겼는지 알아?
왜 생겼는데?
딴 데 보지 말고
여기 보라는 거야.

두 번 따뜻해

장작을 패면 두 번 따뜻하대
한 번은 내 몸에 열이 나서 덥고
또 한 번은 말이지
방안 사람들 생각을 해서 덥고.

대나무

대나무는 속이 비어야 한다
속이 빈 대신
마디가 있어야 한다
그리고 푸른 하늘이 있어야 한다.

거리

세상에서 가장 가까운
거리는
엄마가 아기를 안았을 때의
거리.

섬

누구나 가슴 안에 숨겨둔 섬 하나 있지
외롭고 쓸쓸할 때 찾아가는 곳
그립고 보고플 때도 찾아가는 곳
보석 같은 나만의 섬 하나 있지.

날개와 바퀴

비행기의 날개가 바퀴를 보고 말했어
고마워, 네 덕분에 하늘로 올라갈 수 있어
바퀴가 날개 보고 말했어
고마워, 네 덕분에 나도 하늘을 나는 걸.

포대기

포대기는 아기의 보호 장비야
무슨 일이 있을 땐
엄마가 몸으로 막아주거든
포대기엔 엄마의 사랑이 담겨 있지.

깃발

사람은 누구나 깃발 하나 갖고 있지
마음속에 간직한 보이지 않는 깃발
언제 꺼내어 흔드냐고?
그건 그 사람에게 달려 있지.

가로등

누군가를 기다려 본 적 있니?
오지 않는 사람을 기다려 본 적 있니?
난 평생 이 자리를 떠날 수 없어
그가 돌아온다고 약속했거든.

가면극

국민을 들먹이는 사람 치고
국민을 위한 사람 없고
애국을 말하는 사람 치고
애국한 사람 못 봤어.

제2부

낙화

나도 꽃이외다
찬란했던 시절은 저물었어도
누군가에게 바칠 마지막 사랑만은
고이 남겨 놓았나이다.

소

저녁놀 등에 지고 집으로 갑니다
오늘 하루도 열심히 일했습니다
힘이야 좀 들었지만
우리 주인님의 저 콧노래 소리 좀 들어보셔요.

다방이 그립다

옛날엔 한 집 건너 다방이었는데
요즘엔 한 집 건너 카페다
오늘은 다방에 가고 싶다
다방 마담이 그립다.

출가

정든 집을 뒤로 하고 길을 나섭니다
오늘부터 나의 집은
산이요, 바람입니다
있는 듯, 없는 듯 살렵니다.

곡선

아름다운 곡선을 보면
누군가를 사랑하고 싶다
그의 동그란 어깨를 감싸 안고
지구 위를 걷고 싶다.

낙타

사막을 가는 낙타는 외롭다
모래바람 속에서 늘 혼자다
그러나 그 외로움이 없다면
목적지까지 갈 수 없다.

엄마

세상에 와서 처음 배우는 말
엄마
저세상 갈 때 마지막 하고 가는 말
엄마.

노래방이 사람에게

어서 오게나, 친구
한세상 사느라 얼마나 고단한가
오늘은 다 잊고 노래나 부르게
내일은 내일의 태양이 뜰 테니.

자서전

남들도 안 읽지만
쓴 사람은 더더욱 안 읽는다
너무도 뻔해서
너무도 쳐발라서.

종

한곳에만 가만히 머물지 못하는
나는 바람이어요
온통, 가슴을 내보이지 않으면 못 견디는
나는 꽃이어요.

부부

평생 밥을 같이 먹는 사이
밥을 같이 먹으면서
끝내는 서로에게
밥 한 그릇이 돼주는 사이.

잔

세상에 올 때 우린 잔 한 개씩을 받아 왔습니다
다 채우거든 가져 오너라
명령도 받았습니다
사는 일은 잔을 채우는 일입니다.

소나기

소나기를 흠뻑 맞아보면 알게 될 거야
네 몸 안에도
풀이 자란다는 걸
저 푸른 들판의 나무라는 걸.

수녀

더 너른 하늘을 갖고 싶었어요
더 너른 바다를 갖고 싶었어요
그 너른 곳에서 맘껏
날고 싶었고, 헤엄치고 싶었어요.

사이

밥과 반찬 사이
책상과 의자 사이
도로 이쪽과 저쪽 사이
그대와 나 사이.

제3부

길

장님 부부가 길을 갑니다
서로 손을 꼭 잡고 갑니다
사람들이 알아서 비켜줍니다
길도 알아서 공간을 내줍니다.

부탁도 부탁 나름

신경숙의 소설이
엄마를 부탁해 했으니 팔렸지
아빠를 부탁해 했으면
한 권도 안 팔렸을 거야.

주전자의 물

난로 위의 주전자 물이
뭐라고 하며 끓는 줄 알아?
세상 참 화나게 하네
부글부글 부글부글.

아름다운 불륜

세계 명작 속의
사랑은
거개가
불륜이야.

까치네 집

볼수록 엉성한 까치네 집
비바람에도 끄떡없는 까치네 집
이제야 알겠다
가벼워야 오래오래 견딘다는 걸.

동화의 값

우리 집사람은
돈을 많이 주는 동화를 제일로 친다
이 얼마나 훌륭한 평론가인가
나는 평생 감사하며 살았다.

먼 곳, 먼 사람

먼 곳은 설레게 한다
먼 하늘, 먼 지평선, 먼 바다
먼 사람은 그립게 한다
먼 이름, 먼 얼굴, 먼 입술.

먼 훗날에도

먼 훗날에도 우리가 또 만날 수 있을까
오늘처럼 만날 수 있을까
아니, 잠깐만이라도 스쳐갈 수 있을까
저 들녘의 바람으로라도.

문

바다는 문이다, 커다란 문
저렇게 너른 길을 열어 놓고
날마다 나아가라고
팡파르를 울려대잖니.

발자국

세상은 쓸쓸한 섬
망망대해를 떠도는 외로운 섬
우린 그 섬에 잠시 머물다 가는 인생
겨우 발자국 하나 남기는.

나무

나무들은 좁은 땅일망정
다투지 않아
좁으면 좁은 대로
함께 지낼 줄 알거든.

사이렌 소리

산에 가 보면 들을 거야
저 나무들이 보내는 사이렌 소리
바다에 나가 보면 들을 거야
물고기들이 보내는 저 사이렌 소리.

소금

졸업식 때 교장 선생님이 당부하셨어
소금이 돼라, 소금이 돼라!
그 말씀이 생각날 때마다
얼굴이 뜨거워지는 거 있지?

낡은 마차

임금이 노재상을 보고 새 장가 운을 떼었어
노재상이 절을 한 뒤에 답했어
소인의 마차가 낡긴 했으나 타는 데는 지장이 없나이다
삐걱대는 소리도 음악처럼 정답게 들리나이다.

표

생전에 어머니 말씀
애야, 일한 표는 있어도 논 표는 없단다
한시도 잊지 않은 그 말씀
애야, 일한 표는 있어도 논 표는 없단다.

제4부

헌 옷

젊은 스님은 노스님의 헌 옷이 부러웠어
하루는 조심스레 여쭈었지
노스님이 빙그레 웃으며 이렇게 말했어
서둘지 마라, 네 옷에도 세월이 머물면 그리 되리라.

흙과 시멘트

땅에 침을 뱉으면
흙은 너른 품으로 감싸주지만
시멘트 바닥에 침을 뱉으면
뱉은 대로 고스란히 드러내 줘.

풍금 소리

여름날 뭉게뭉게 피어오르는
구름을 보면
지금도 들려오는 저 어린 날의
풍금 소리.

노래 다리

까치가 놓은 다리로
견우와 직녀가 만났듯이
노래로 다리를 놓을 순 없을까
남과 북도 단숨에 만나게.

무명용사

이 땅의 자유화 평화는 말이지
이름 없는 이들의 무수한 희생으로 이룩한 거야
그러니 제발 그들을 위해서라도
욕되게 살지는 마.

노래 도둑

노래를 훔쳐가는 도둑이 있었어
노래 한 곡만 불러주면 되는 거였어
경찰서에서는 야단이 났지
저것도 죄가 되는지, 어떤지.

징검돌

폴짝폴짝 뛰어 건너야 해
거드름을 피웠다가는 풍덩이야
재미있다고?
그래, 나비가 돼 봐.

그림자

그녀의 그림자를 훔쳐다가
벽에 걸어두고 봅니다
나도 어느새 그녀의
그림자가 됩니다.

화려한 옷

나는 오늘도 화려한 옷을 입는다
쓸쓸하게 보이지 않으려고
나는 저세상 갈 때도 화려한 옷을 입으련다
염라대왕한테 잘 보이려고.

행복한 지게

덕보가 아버지를 지게에 태우고 동네를 돕니다
뛰뛰빵빵 뛰뛰빵빵
동네 사람들이 입을 가리고 웃습니다
아버지의 얼굴엔 미소가, 덕보의 이마엔 구슬땀이.

밥공기

내가 밥 한 공기를 다 비울 때마다
어머니는 행복해하셨다
그 밥공기가 지금도
내 가슴 안에 있다.

빨래

제아무리 잘 빤다고 해도
그 사람의 이름과
그 사람의 부끄럼까지는
다 빨지 못한다.

칼

칼은 칼집 안에 있을 때
무섭다
일단 칼집에서 나오면
무쇠에 불과하다.

기차

서울에 갈 때마다 기차를 탑니다
전동차를 타면 무료인데도
돈을 주고 꼭꼭 기차를 탑니다
기차가 지닌 그 향수가 너무너무 좋습니다.

자전거

느려도 괜찮아
급한 것들은 먼저 가라지 뭐
난 세상 구경해 가면서
노래 부르며 갈 테야.

제5부

고물차

사람도 늙으면 고물차 되는 거야
삐거덕삐거덕 소리가 요란하지
그래도 자꾸 듣다 보면
노래로 들리는 거 있지?

우산 하나

비 오는 날에는
사랑을 하기 좋다
우산 한 개만으로도
사랑의 집 한 채 지을 수 있으니까.

등대

먼 바다까지 불빛을 보내주려면
더 멀리 떨어져 있지 않으면 안 돼
그래서 등대는 저렇게 먼 곳까지 가서
홀로 서 있는 거야.

사는 맛

사는 게 힘들다고?
힘들어야 맛이 나지
고추장을 봐
맵고 짜야 맛이 나잖아.

효도

내가 아버지한테 효도한 건
딱 한 번뿐이다
아버지가 지어주신 이름 하나로
평생 살았다.

손

옛날 엄마들은 딸에게 일렀다
사내한테 함부로 손 주지 마라
엄마, 그건 왜요?
손 주고 나면 하나씩 주게 된단다.

웃음

요 보석은 잃어버릴 염려 없어
남에게 빼앗길 염려도 없어
이웃에게 나눠 주면 얼마나 좋아한다고
무엇보다도 내가 더 좋은 거 있지?

속아주는 멋

산다는 것은
속아주는 것
알고도 모르는 척
속아주는 것.

김밥

엄마가 아침마다 싸준 김밥 한 줄
그 김밥 한 줄이
삶의 동아줄이 되고
내 인생의 길이 되었다.

호미

할머니의 굽은 등을 본떠서 만들었다
한평생 흙과 함께한 겸손한 삶
호미는 알고 있지
겸손하면 저리 숙여진다는 것을.

연

하늘 높이 연을 띄우는 건
바람이라고 생각하지 마
그건 말이지
연을 띄우는 사람의 마음이야.

전기밥솥

둘이 사는 집엔 전기밥솥이 딱이다
쌀 넣고 물 붓고 딴일 좀 하다 보면
어느새 다 됐다고 신호를 보낸다
참 고맙고 예쁜 딸이다.

별이 빛날 때

네가 가장 쓸쓸할 때
네가 가장 외로울 때
네가 가장 아플 때
네가 누군가를 위해 기도할 때.

연인

먼 사람 하나 마음 안에 넣고 살아
남들이 알면 뭐라고 하겠지만
얼마나 행복하다고
그 사람하고도 한세상 사는 거잖아.

주머니

옷에 주머니가 없다면
부자와 가난한 사람도 없을 거야
옷에 주머니가 없다면
근심 걱정도 없을 거야.

씩씩한 아이

어른들은 바보야
자기들 마음속에 누가 사는지
씩씩한 아이 하나 뛰놀고 있는데
해맑은 웃음소리 반짝반짝거리는데.

인생

다 헛되도다
그림자로다
그러기에 한 판 잘 놀다 가자꾸나
기왕이면 멋지게, 아름답게!

시인의 산문

재미난 시를 쓰고 싶다

왜 시를 안 읽지?

며칠 전, 시를 쓰는 몇 분과 차담을 나눈 적이 있다. 이런저런 이야기 끝에 한 분이 요즘 사람들은 도통 시를 잘 안 읽는다고 푸념 섞인 말을 했다. 그러자 기다렸다는 듯이 너도나도 그 말에 동의를 하는 것이었다. 그때 내가 좌중을 향해 입을 떼었다. "왜 안 읽는다지요?" 그러자 잠시 침묵이 흘렀다. 각자 이유를 생각하는 듯했다. 그러고는 나름대로의 이유 한두 가지씩을 말했다. 영상매체 때문이라느니, 독자들의 시에 대한 인식 부족 때문이라느니, 입시교육 때문이라느니, 바빠진 일상생활 때문이라느니….

다 옳은 말이었다. 그러나 가장 중요한 답이 빠져 있다고 생각했다. 시가 어렵다는 것! 언제부터 시가 이렇게 난해해졌는지는 모르나 발표되는 시, 특히 젊은 시인들이 써내는 시는 내가 봐도 이해가 안 간다. 저걸 시라고 해야 하나, 하는 생각이

들 때가 한두 번이 아니다. 물론 그들의 입장에서 보자면 시에 대한 나의 무능함을 질타할 것이다. 그간 아동문학을 주로 한 사람이니 성인시를 제대로 이해하지 못한다고 생각할 수도 있다. 그건 그렇다 치고, 그러면 일반 작가들에 대해서는 뭐라고 해야 할지가 궁금하다. 솔직히 말해서, 시를 공부하지 않은 사람일지라도 시를 읽고 감상할 수 있어야만 시로서의 사명을 다하는 것이라고 나는 생각해 왔다.

그 좋은 예로 들 수 있는 게 조병화, 천상병, 함민복의 시라고 할 수 있다. 이분들 시는 시를 특별히 공부하지 않은 사람들일지라도 즐거운 마음으로 수용이 가능하다.

자, 그럼/하는 손을 짙은 안개가 잡는다.//넌 남으로 천 리/난 동으로 사십 리/산을 넘는/저수지 마을/삭지 않는 시간, 삭은 산천을 돈다./등(燈)은, 덴마크의 여인처럼/푸른 눈 긴 다리/안개 속에 초초히/떨어져 서 있고/허허들판/작별을 하면/말도 무용해진다./어느새 이곳/자, 그럼/넌 남으로 천 리/난 동으로 사십 리.

—조병화「오산 인터체인지」전문

나 하늘로 돌아가리라/새벽빛 와 닿으면 스러지는/이슬 더불어 손에 손을 잡고//나 하늘로 돌아가리라/노을빛 함께 단둘이서/기슭에서 놀다가 구름 손짓하면은//나 하늘로 돌아가리라/아름다운 세상 소풍 끝내는 날/가서, 아름다웠다고 말하리라

─천상병 「귀천」 전문

혼자 사는 게 안쓰럽다고//반찬이 강을 건너왔네/당신 마음이 그릇이 되어/햇살처럼 강을 건너왔네//김치보다 먼저 익은/당신 마음/한 상//마음이 마음을 먹는 저녁
─함민복의 「만찬」 전문

 이런 시들은 굳이 해설이나 설명을 요하지 않는다. 읽으면 그대로 쓴 이의 마음이 전달되는 것이다. 이런 게 시다. 굳이 무슨 설명이나 해설을 주렁주렁 달아야 이해가 간다면 이는 시로서의 역할을 다했다고 볼 수 없다. 더욱이 우스운 것은 해설이나 설명이 작품보다도 되레 어려운 경우를 만나는 일이다. 소위 시집 말미를 장식하는 발문이나 해설이다. 대개 평론가가 아니면 시인이 그 난을 맡는데, 하나같이 어렵긴 마찬가지다. 내가 알기로 발문이나 해설은 시를 잘 모르는 이들도 알아듣기 쉽게 써야 한다. 그게 평론가가 해야 할 일이라고 본다. 어려운 어휘를 동원하여 마치 전쟁터에 나가는 군인처럼 단단히 무장하는 문학 행위는 개선돼야 한다고 생각한다. 어느 지면에선가 「풀꽃」의 시인 나태주는 평론가들이 가장 싫어하는 시인으로 자기를 꼽을 거라고 했다. 자기 시는 단순 명료하기 때문에 달리 설명할 건더기가 하나도 없다는 것. 그러니 평론가들 눈 밖에 날 수밖에 없다는 것이다.
 지난번 첫 4행시집 『당신 만나려고 세상에 왔나 봐』에 이어

이번에 펴내는 『사람과 사람 사이에도 메아리가 있다』는 즐거운 마음으로 쓴 시집이다. 즐거운 마음으로 쓰다 보니 하루에 두서너 편 내지는 많게는 대여섯 편까지도 쓸 수가 있었다. 아니다! 쓸 수 있었던 게 아니라 시가 나를 찾아왔다고 해야 옳다. 그 시각은 주로 새벽이었다. 나는 번개처럼 스쳐가는 시를 놓칠세라 급한 마음에 휴대폰에 저장하기 바빴으니까.

이런 나를 본 아내가 힐난조로 말했다. 무슨 시를 그렇게 콩 볶듯이 쓰냐고. 맞는 말이다. 나는 때로 콩 볶듯이 시를 쓴다. 시가 예고도 없이 느닷없이 들이닥칠 때다. 그럴 땐 그냥 받아 쓰면 되는 것이다. 섬진강 시인 김용택은 자연이 하는 말을 그대로 옮겨 놓으면 그게 시가 된다고 했다. 옳은 말이다. 산의 소리, 강의 소리, 바람의 소리, 흙의 소리… 귀를 열고 마음을 열면 굳이 뭘 쓰려고 하지 않아도 시가 써진다고.

4행시는 단시(短詩)다. 단시는 번뜩이는 느낌만으로도 쓸 수 있는 최소 단위의 문학이다. 이는 나의 문학 체질과도 맞아떨어진다. 고백하건대, 나는 단숨에 글을 쓰는 편이다. 오래 끄는 법이 없다. 남들은 한 편을 가지고 몇 날, 며칠을 심지어 달을 넘겨 가면서 쓰기도 하는 모양이지만 나는 단칼로 무를 자르듯이 글을 쓴다. 어디 그뿐인가. 한 번 쓴 글에 대해서는 특별한 일이 아니면 손질도 하지 않는 건방진 버릇이 있다. 남들은 좋은 글을 내놓기 위해 추고에 추고를 거듭한다고 하는데, 나는 큰 문제가 없는 한 그대로 내보낸다. 내가 손을 거의 대지 않는 데는 다 이유가 있다. 너무 손을 대다 보면 처음의 상이 깨지거나 원래의 맛을 잃는다고 보기 때문이다. 오히려 서툰 듯한 글이 독자에겐 친숙감으로 다가갈 수 있다고 보는 것이다.

그 좋은 예가 일본의 100세 시인 시바타 도요의 시가 아닌가 한다.「약해지지 마」,「아침은 올 거야」같은 시는 세련미 대신 서투름(?)으로 오히려 친숙감을 주지 않는가. 그건 모든 것이 완벽한 친구보다는 어딘가 부족해 보이는 친구에게서 친숙감을 느끼는 것과 같으리라. 그림으로 치자면 한국화의 여백 같은 것이라고나 할까.

나의 4행시에 응원을 보내준 것으로 서정시학 TV를 꼽지 않을 수 없다. 나는 하루에도 몇 편씩 마구 쏟아져 나오는 4행시를 몇 군데 단톡방에 올리곤 하였는데, 이는 4행시에 대한 각계의 의견을 들어보고 싶어서였다. 반응은 의외로 빨리 왔고 고맙게도 다들 좋은 시도라고 박수를 쳐주었다. 특히 서정시학 TV에서는 4행시를 자기네 채널로 내보내면 어떻겠느냐는 제의를 해왔다. 나는 거절할 이유가 하등 없었다. 그래서 28회 방송으로 약조를 하고 매주 월요일에 네 편씩 내보냈다. 이는 4행시집 출간에도 적잖은 영향을 주었다고 생각한다.

젊음은 참 좋아
아무 델 가도 좋고
아무 델 앉아도 좋아
나이까지 돌려주니 더더욱 좋아.

─「청바지」전문

저녁놀 등에 지고 집으로 갑니다
오늘 하루도 열심히 일했습니다
힘이야 좀 들었지만
우리 주인님의 저 콧노래 소리 좀 들어보셔요.
─「소」전문

세상에 와서 처음 배우는 말
엄마
저세상 갈 때 마지막하고 가는 말
엄마.
─「엄마」전문

정든 집을 뒤로 하고 길을 나섭니다
오늘부터 나의 집은
산이요, 바람입니다
있는 듯, 없는 듯 살렵니다.
─「출가」전문

사람과 사람 사이에도
메아리가 있다
귀로는 들을 수 없지만

마음으로는 들을 수 있는.

—「메아리」 전문

평생 밥을 같이 먹는 사이

밥을 같이 먹으면서

끝내는 서로에게

밥 한 그릇이 돼주는 사이.

—「부부」 전문

  나는 4행시의 주제를 작고 사소한 것, 별것 아닌 것에서 찾으려고 했다. 그리고 거기서 삶의 위로와 희망의 싹을 보여주려고 했다. 예를 들자면 이런 것이다. 하루의 일을 마치고 퇴근하는 회사원이 전철 안에서 나의 4행시를 읽고 얼마쯤이라도 피로를 풀 수 있다면 참 좋겠다는 것이다. 온종일 시장에서 채소를 팔고 난 할머니가 가방 안에서 4행시집을 꺼내 놓고 돋보기를 찾는 일을 상상하는 것이다. 또 있다. 휴가를 맡아 바닷가로 피서를 간 여행원이 노을 지는 바다를 바라보며 나의 4행시를 읽는 상상을 하는 것이다.

  웃지 마시라! 시 한 줄이 대하소설보다도 나을 때가 있다. 사람의 마음을 움직이는 것은 결코 큰 것만이 아니다. 작고 사소한 것들이 의외의 놀라움을 생산해내는 것을 우리는 수도 없이 봐왔지 않은가. 종소리를 멀리 가게 하는 건 거대한 그 무엇이 아니라 주먹만 한 쇠뭉치가 일으키는 공명의 힘이다.

나는 앞으로도 재미난 시를 쓰려고 한다. 시를 모르는 사람일지라도 한 번 읽으면 고개를 끄덕일 수 있는 그런 '보통' 시를 쓰려고 한다. 학식이나 지식이 없는 사람일지라도 즐거움을 느낄 수 있고 공감할 수 있는 시를 쓰려고 한다. 문학성에 끌려다니거나 매달리지 않는 누구나 이해할 수 있고 감동할 수 있는 유쾌한 시를 쓰려고 한다.

사람과 사람 사이에도 메아리가 있다

2023년 10월 10일 초판 1쇄 펴냄

지은이 _ 윤수천
펴낸이 _ 양문규
펴낸곳 _ 詩와에세이

신고번호 _ 제2017-000025호
주　　소 _ (30021)세종특별자치시 조치원읍 충현로 159, 상가동 107-1호
대표전화 _ (044)863-7652
팩시밀리 _ 0505-116-7653
휴대전화 _ 010-5355-7565
전자우편 _ sie2005@naver.com
공 급 처 _ 한국출판협동조합
주문전화 _ (02)716-5616
팩시밀리 _ (031)944-8234~6

ⓒ윤수천, 2023
ISBN 979-11-91914-48-1 (03810)

* 지은이와 협의하여 인지는 생략합니다.
* 이 책 내용의 전부 또는 일부를 재사용하려면 반드시 지은이와
　詩와에세이 양측의 동의를 받아야 합니다.
* 책값은 뒤표지에 표시되어 있습니다.